Wer hat meinen Käse gestohlen?

Eine Geschichte der Veränderung für Kinder

Kinder im Alter von 7 bis 18 Jahren

Geschrieben von SAYTY FAT

Copyright © 2024, DIHACH Editions

Copyright © 2024, DIHACH Editions

Alle Rechte vorbehalten. Kein Teil dieser Publikation darf ohne vorherige schriftliche Genehmigung des Herausgebers in irgendeiner Form vervielfältigt, verbreitet oder übertragen werden, auch nicht durch Fotokopie oder ein anderes elektronisches oder mechanisches Aufzeichnungssystem.
DIHACH EDITIONS, Straße DES ERADITS 145, LUXEMBURG, 39476.
Www.Dihach.com
Support@dihach.com

Artikel L111-1 des Gesetzes über geistiges Eigentum: *„Der Urheber eines geistigen Werkes genießt allein durch die Tatsache seiner Schöpfung ein ausschließliches, gegen jedermann durchsetzbares immaterielles Eigentumsrecht. Dieses Recht umfasst sowohl Eigenschaften geistiger und moralischer Art als auch Eigenschaften wirtschaftlicher Art, die in diesem Gesetzbuch festgelegt sind. Das Bestehen oder der Abschluss eines Werk- oder Dienstleistungsvertrags durch den Urheber eines Werkes hat keine Abweichung von den durch dieses Gesetzbuch anerkannten Rechten zur Folge."*

Über diese Ausgabe

Dieses Buch, ursprünglich in Englisch von **Sayty Fati** geschrieben, wurde sorgfältig in mehrere Sprachen übersetzt, um ein internationales Publikum zu erreichen. Jede Version wurde von einem qualifizierten Übersetzer angepasst, um die Treue zum Originaltext zu gewährleisten und gleichzeitig die kulturellen und sprachlichen Nuancen jeder Sprache zu respektieren.

Übersetzer:
- **Französisch**: Marie Dufresne
- **Spanisch**: Carlos García
- **Portugiesisch**: Ana Costa
- **Italienisch**: Luca Romano
- **Deutsch**: Johann Keller

Wir hoffen, dass Ihnen diese Ausgabe genauso viel Inspiration und Freude bringt wie das Original. Vielen Dank, dass Sie dieses globale Projekt unterstützen, indem Sie jede Version in der Sprache Ihrer Wahl entdecken.

Einführung

Es waren einmal vier kleine Bewohner in einem riesigen und geheimnisvollen Labyrinth, die alle das Gleiche suchten: Käse! Aber es war kein Käse, wie man ihn auf Pizza legt oder als Snack isst. Nein, in diesem Labyrinth repräsentierte Käse alles, was sie sich im Leben wünschten: Freude, Trost und sogar ihre liebsten Träume.

Die vier Freunde, die in diesem Labyrinth lebten, hatten alle ihre eigene Persönlichkeit. Zuerst gab es zwei sehr schlaue kleine Mäuse, Detect und Rusé. Detect hatte ein außergewöhnliches Gespür dafür, bevorstehende Veränderungen zu spüren. Sobald er etwas Seltsames spürte, war er bereit, sich zu bewegen und eine neue Richtung zu finden. Listing hingegen war immer schnell im Handeln. Wann immer sie eine Chance sah, ergriff sie diese ohne zu zögern, auch wenn sie nicht genau wusste, wohin sie sie führen würde.

Dann waren da noch zwei kleine Männer, Blocked und Smart. Blockiert war etwas hartnäckig. Er mochte es, wenn die Dinge immer beim Alten blieben und Veränderungen ihn sehr nervös machten. Er blieb lieber in seiner Komfortzone, wo er sich sicher fühlte. Malin war etwas anders. Am Anfang hatte er wie Blocked auch ein wenig Angst vor Veränderungen, aber er hatte diese kleine innere Stimme, die ihm sagte, dass man manchmal den Mut haben muss, aus seiner Komfortzone herauszutreten, um schöne Dinge zu entdecken.

Eines Tages, als unsere vier Freunde wie immer zu ihrem Lieblingsplatz im Labyrinth gingen, wo sie immer ihren Käse fanden, entdeckten sie etwas Unglaubliches. Ihr Käse fehlte! Es war nichts mehr da, wo es immer war. Alles war leer. Detect und Tricky sahen sich ein wenig überrascht an, waren aber bereits bereit, andere Teile des Labyrinths zu erkunden, um einen neuen zu finden. Blockiert, er konnte es nicht glauben. „Warum ist dieser Käse verschwunden?" fragte er sich. „Das ist nicht fair! Er sollte wie immer hier sein!"

Malin wiederum wusste nicht so recht, was sie tun sollte. Er war besorgt und wollte diesen Ort, den er so gut kannte, nicht verlassen. Doch als er sah, wie Detect und Ruse sich mutig auf die Suche nach neuem Käse machten, begann sich etwas in ihm zu verändern. „Was wäre, wenn ich anderswo etwas noch Besseres finden könnte? Was wäre, wenn mir der Aufenthalt hier nichts mehr bringen würde?"

Und so beginnt das Abenteuer für unsere vier Freunde. Was werden sie jetzt tun, wo ihr Käse weg ist? Werden sie da stehen und darauf warten, dass etwas passiert, oder werden sie die unbekannten Ecken des Labyrinths erkunden, um etwas Neues zu finden?

Auch Sie können sich diese Fragen stellen. Was würden Sie tun, wenn etwas, das Sie so sehr liebten, plötzlich verschwinden würde? Wären Sie wie Detect und Cunning, bereit, sich auf die Suche nach einem neuen Abenteuer zu machen, oder wie Blocked, der lieber wartet, bis alles wieder so ist, wie es war? Vielleicht geht es Ihnen ein bisschen wie Malin, die zunächst zögert, aber irgendwann erkennt, dass Veränderung auch etwas Gutes sein kann.

Im Rest dieser Geschichte erfahren Sie, wie jeder unserer vier Freunde auf diese unerwartete Situation reagiert. Wenn Sie mit ihnen durch dieses Labyrinth navigieren, werden Sie entdecken, dass das Akzeptieren von Veränderungen und das Eingehen auf Abenteuer manchmal zu wunderbaren Entdeckungen führen können.

Sind Sie bereit, Detect, Cunning, Blocked und Smart auf ihrer Suche nach dem neuen Käse zu begleiten? Blättern Sie also um und tauchen Sie ein in diese fesselnde Geschichte, in der Sie lernen, Veränderungen in einem neuen Licht zu sehen!

Diese Geschichte ist eine Einladung, darüber nachzudenken, wie wir auf Veränderungen in unserem eigenen Leben reagieren. Egal, was mit Ihnen passiert, Sie werden sehen, dass Veränderungen eine Gelegenheit sein können, zu wachsen, zu lernen und Neues zu entdecken. Nehmen Sie sich ein Beispiel an den Charakteren in diesem Buch und sehen Sie, wie auch Sie im Labyrinth des Lebens Ihren eigenen „Käse" finden können.

Buchplan

KAPITEL 1: DAS GROßE LABYRINTH _____ 8

KAPITEL 2: ANGST VOR DEM UNBEKANNTEN ____ 14

KAPITEL 3: DER ERSTE SCHRITT INS UNBEKANNTE 20

KAPITEL 4: DIE ENTDECKUNG VON MALIN _____ 25

KAPITEL 7: GEMEINSAM IM UNBEKANNTEN _____ 31

KAPITEL 6: LABYRINTH-ÜBERRASCHUNGEN _____ 38

KAPITEL 7: DIE KRAFT DER ERFAHRUNG _____ 45

KAPITEL 8: DAS LABYRINTH LINKS _____ 53

KAPITEL 9: DIE LETZTE OFFENBARUNG _____ 61

ABSCHLIEßENDE SCHLUSSFOLGERUNG _____ 67

Kapitel 1: Das große Labyrinth

In einer Welt, in der alles möglich scheint, gibt es einen mysteriösen Ort namens Labyrinth. Dies ist kein einfaches Labyrinth, wie man es in einem Vergnügungspark findet, sondern ein komplexer Ort mit vielen sich kreuzenden Korridoren, Geheimgängen und Sackgassen. In diesem Labyrinth leben vier ganz besondere Freunde: zwei kleine Mäuse namens Detect und Rusé und zwei kleine Männer, Blocked und Smart.

Das Labyrinth ist ihr Zuhause, ein Ort, den sie gut kennen, der aber immer Überraschungen bereithält. Für sie ist das Labyrinth ein Ort des Abenteuers, aber auch der Sicherheit, denn dort finden sie etwas, das sie über alles lieben: Käse. Aber seien Sie vorsichtig, dieser Käse ist nicht wie der, den Sie als Snack essen. Für sie repräsentiert Käse alles, was sie lieben und brauchen, um glücklich zu sein: Spiele, Freunde, gute Zeiten und Erfolge.

Jeden Tag erkunden unsere vier Freunde das Labyrinth auf der Suche nach diesem Käse. Sie gehen immer den gleichen Weg, den sie auswendig kennen. Dieser Weg führt sie zu einem besonderen Ort, den sie Post C nennen. Post C ist ein kleiner Raum im Labyrinth, gefüllt mit ihrem Lieblingskäse.

Hierher kommen sie jeden Tag, um zu schlemmen und den Komfort ihres Käses zu genießen.

Détect, die erste der kleinen Mäuse, hat einen unglaublichen Duft. Er kann meilenweit spüren, ob sich im Labyrinth etwas ändert. Sobald sich etwas ändert, und sei es noch so klein, beginnt seine Nase zu zucken und er wird aufmerksam. Rusé hingegen ist der Schnellste. Sie zögert nie, mit voller Geschwindigkeit durch die Gänge des Labyrinths zu rennen, um neue Orte zu entdecken, an denen Käse versteckt werden könnte. Zusammen bilden Détect und Rusé ein perfektes Team. Sie sind immer in Bewegung, bereit, sich anzupassen und zu erkunden.

Blocked und Malin, die beiden kleinen Männer, sind ein wenig anders. Blocked mag Dinge, die einfach und stabil sind. Er mag Veränderungen nicht besonders und möchte lieber, dass immer alles beim Alten bleibt. Für ihn ist alles in Ordnung, solange es bei Post C Käse gibt. Malin ist etwas neugieriger. Er mag den Komfort von Post C, fragt sich aber manchmal, was passieren würde, wenn der Käse ausgehen würde. Allerdings hält ihn die Angst vor dem Unbekannten oft davon ab, sich auf ein Abenteuer einzulassen.

Eines Tages, während unsere vier Freunde wie immer zu Post C gehen, passiert etwas Unglaubliches. Als sie in dem kleinen Raum ankommen, stellen sie fest, dass ihr Käse verschwunden ist! Ihr kostbarer Käse, der immer da war, ist auf mysteriöse Weise verschwunden.

Detect beginnt sofort, im Raum herumzuschnüffeln. Er ist überrascht, aber nicht allzu besorgt. Er weiß, dass der Käse anderswo im Labyrinth zu finden ist. Rusé ihrerseits verschwendet keine Sekunde. Sie rennt durch die angrenzenden Flure und sucht nach weiteren Spuren von Käse. Aber nichts. Beitrag C ist komplett leer.

Blockiert, er steht unter Schock. „Wo ist unser Käse geblieben?" fragt er sich, während er durch den leeren Raum geht. Er versteht nicht, wie etwas, das immer da war, einfach verschwinden kann. Er ist wütend, frustriert und weiß nicht, was er tun soll.

Malin fühlt sich zwischen Angst und Aufregung hin- und hergerissen. Er fragt sich, was sie jetzt tun werden. Sollten sie warten, bis der Käse zurückkommt, oder sollten sie sich auf die Suche nach neuem Käse machen? Der Gedanke, Posten C zu verlassen, macht ihn nervös, aber er beginnt sich zu fragen, ob es wirklich die beste Option ist, dort zu bleiben.

Während Blocked wie erstarrt dasteht und nicht glauben kann, dass ihr Käse verschwunden ist, haben Detect und Rusé bereits eine Entscheidung getroffen. Sie wissen, dass es das Beste ist, sich zu bewegen. Sie verschwenden keine Zeit damit, das Verschwinden des Käses zu beklagen, weil sie verstehen, dass es ihnen nichts nützen wird, dort zu bleiben. Es ist Zeit umzuziehen, sich einen neuen Ort, einen neuen Käse zu suchen.

Detect und Cunning beginnen, das Labyrinth zu erkunden. Sie rennen durch die Flure, schnüffeln an jeder Ecke und wagen sich an Orte, die sie noch nie zuvor erkundet haben. Sie sind entschlossen, einen neuen Standort zu finden, an dem es noch mehr Käse gibt.

Malin sieht zu, wie Detect und Tricky weggehen, und beginnt nachzudenken. Er weiß, dass es ihnen nichts bringen wird, hier zu bleiben und zu warten. Er beginnt darüber nachzudenken, dass er vielleicht Detect und Cunning folgen sollte, auch wenn ihm der Gedanke, sich ins Unbekannte zu wagen, Angst macht.

Aber Blocked weigert sich, sich zu bewegen. „Der Käse war da", sagte er kopfschüttelnd. „Er muss zurückkommen. Ich werde warten." Blocked ist überzeugt, dass sich alles wieder normalisieren wird, wenn er lange genug wartet. Er möchte kein Abenteuer erleben, er möchte, dass alles beim Alten bleibt.

Malin zögert immer noch. Er hat Angst, Posten C zu verlassen, aber er beginnt zu spüren, dass es vielleicht an der Zeit ist, einen Schritt nach vorne zu machen, diesen bekannten Ort zu verlassen, um das Unbekannte zu erkunden. Was zu tun? Folgen Sie Detect und Cunning oder bleiben Sie bei Blocked und warten Sie, bis der Käse zurückkommt?

Und was würden Sie tun, wenn Ihr Käse verschwinden würde? Wären Sie bereit, sich auf ein Abenteuer einzulassen, neue Orte zu erkunden, oder möchten Sie lieber bleiben, wo Sie sind, in der Hoffnung, dass alles wieder so wird, wie es war?

Der Rest der Geschichte wird zeigen, wie jeder unserer Freunde auf diese große Veränderung reagiert. Werden sie sich anpassen können? Werden sie irgendwo im Labyrinth einen neuen Käse entdecken? Blättern Sie um, um es herauszufinden, und denken Sie daran: Manchmal muss man wissen, wie man das Bekannte verlässt, um neue Wunder zu entdecken.

Damit endet das erste Kapitel von „Who Stole My Cheese?". Dieses Kapitel legt den Grundstein für die Geschichte und stellt Schlüsselfiguren vor, von denen jede ihre eigene Art hat, auf Veränderungen zu reagieren. Junge Leser lernen durch diese Geschichte, wie wichtig Anpassungsfähigkeit, Mut und die Suche nach neuen Möglichkeiten sind, auch wenn Veränderungen beängstigend erscheinen.

Kapitel 2: Angst vor dem Unbekannten

Malin stand am Eingang von Posten C, sein Herz war schwer und sein Geist verwirrt. Um ihn herum schien das Labyrinth größer und einschüchternder zu sein als je zuvor. Das Gefühl der Sicherheit, das Post C ihm vermittelte, war nicht mehr vorhanden. Stattdessen verspürte er wachsende Angst. Wie konnte ihr kostbarer Käse so plötzlich verschwinden? Und was sollte er nun tun?

Hinter ihm blieb Blocked regungslos stehen, sein Gesicht war in einem Ausdruck von Wut und Verzweiflung erstarrt. „Es ist unmöglich!" wiederholte er immer wieder. „Der Käse darf nicht fehlen. Da muss ein Fehler vorliegen. Wenn wir hier warten, wird alles wieder so sein, wie es war."

Malin hörte Blockeds Worte, aber etwas in ihm wusste, dass sich die Situation nicht ändern würde, wenn er dort wartete. Der Käse, der immer da gewesen war, war ohne Erklärung verschwunden. Allein der Gedanke an die Möglichkeit, dass er niemals zurückkehren würde, erfüllte Malin mit Angst. Aber er wusste auch, dass ein Verbleib bei Post C keine Lösung für sie darstellen würde.

Inzwischen waren Detect und Cunning bereits weit weg. Sie hatten sofort auf das Verschwinden des Käses reagiert, wie sie es immer taten, wenn sie mit einer unerwarteten Veränderung konfrontiert wurden: indem sie Maßnahmen ergriffen. Sie nahmen sich nicht die Zeit, zu klagen oder Fragen zu stellen ; Sie waren auf die Suche nach neuen Möglichkeiten, neuen Käsesorten, woanders im Labyrinth. Für sie war Veränderung kein Grund zur Angst, sondern etwas, dem sie sich mit Entschlossenheit stellen mussten.

Malin war seinerseits zwischen zwei widersprüchlichen Gefühlen gefangen. Einerseits hatte er schreckliche Angst davor, Posten C zu verlassen. Dieser Ort war vertraut und beruhigend, und der Gedanke, sich ins Unbekannte zu wagen, machte ihm Angst. Er wusste nicht, was er finden würde oder ob er überhaupt etwas finden würde. Aber andererseits gab es diese kleine Stimme in ihm, die ihm sagte, dass es nichts lösen würde, wenn man hier bliebe und nichts tat.

„Was ist, wenn der Käse nie zurückkommt?" Dachte Malin. Dieser Gedanke war beängstigend, aber auch motivierend. Er begann zu verstehen, dass er sich auf den Weg machen musste, wenn er Käse finden wollte, auch wenn das bedeutete, dass er sich seinen Ängsten stellen musste.

Malin drehte sich zu Blocked um, der sitzen blieb und sich weigerte, sich zu bewegen. „Vielleicht sollten wir uns woanders umsehen", schlug er schüchtern vor. „Detect und Tricky sind bereits gegangen. Irgendwo im Labyrinth muss es Käse geben."

Blocked schüttelte entschieden den Kopf. „Nein! Der Käse war hier, er muss zurückkommen. Ich werde hier nicht wegziehen. Ich warte lieber, bis alles wieder normal ist."

Malin verstand Blockeds Angst. Auch er hätte sich gewünscht, dass alles wieder so wäre, wie es vorher war, dass bei Post C wieder Käse auftauchte und dass sie weiterleben könnten, als ob sich nichts verändert hätte. Aber tief in seinem Inneren wusste er, dass es nicht realistisch war. Es war eine Veränderung eingetreten, und er konnte sie nicht ignorieren.

Malin holte tief Luft. „Ich denke, ich werde versuchen, neuen Käse zu finden", sagte er zögernd. „Ich weiß nicht, ob ich etwas finden werde, aber ich muss es versuchen."

Mit diesen Worten machte Malin seinen ersten Schritt aus Posten C. Jeder Schritt, den er tat, schien schwierig, als würde er einen Teil seiner Sicherheit hinter sich lassen. Das Labyrinth vor ihm war dunkel und voller Unsicherheiten. Aber je weiter er vorankam, desto mehr spürte er, wie eine neue Energie in ihm aufstieg. Er hatte eine Entscheidung getroffen: Er würde nicht wie Blocked in Angst verharren. Er würde weitermachen, auch wenn das bedeutete, dass er sich dem Unbekannten stellen musste.

Als er durch die Korridore des Labyrinths ging, fühlte sich Malin hin- und hergerissen zwischen Angst und Aufregung. Die Angst, sich zu verlaufen, nichts zu finden, nie den Komfort von Post C zu finden. Aber auch die Aufregung, neue Orte und neue Möglichkeiten zu entdecken. Jeder Korridor, den er erkundete, war ein Schritt näher an das Unbekannte, aber auch ein Schritt näher an die Möglichkeit von etwas Besserem.

Malin erkannte, dass das Schwierigste nicht darin bestand, Posten C zu verlassen, sondern sich seiner eigenen Angst vor Veränderungen zu stellen. Diese Angst hatte ihn so lange zurückgehalten und ihn daran gehindert, über die Bequemlichkeit von Post C hinauszuschauen. Aber jetzt, da er diesen ersten Schritt getan hatte, fühlte er sich stärker und entschlossener.

Währenddessen blieb Blocked allein auf Posten C, sein Geist war von Sorgen und der Weigerung, die Realität zu akzeptieren, geprägt. Jede Minute, die verging, verstärkte sein Gefühl der Verzweiflung. Er verstand weder, warum der Käse verschwunden war, noch warum Malin beschlossen hatte, zu gehen. Für ihn war Veränderung eine Bedrohung, die es unter allen Umständen zu vermeiden galt. Er wollte sich der Wahrheit nicht stellen: dass der Käse manchmal nicht zurückkommt und dass Stillstand nicht immer die Lösung ist.

Malin seinerseits machte weiter Fortschritte. Er wusste, dass der Weg schwierig sein würde, aber er fühlte sich bereit, sich ihm zu stellen. Mit jedem Schritt wurde er daran erinnert, dass Veränderungen, obwohl sie oft beängstigend sind, auch eine Chance sein können, zu wachsen, zu lernen und Dinge zu entdecken, die wir uns nie hätten vorstellen können.

Und so begann Malin seine Reise durch das Labyrinth. Eine Reise, die ihn lehren würde, dass, auch wenn Veränderungen unvermeidlich sind, es diejenigen sind, die es wagen, voranzukommen, die neue Möglichkeiten und neue „Käse" finden.

Dieses Kapitel beleuchtet die natürliche Angst, die wir alle empfinden, wenn wir dem Unbekannten gegenüberstehen. Malin veranschaulicht das Dilemma, vor dem wir stehen, wenn wir uns entscheiden müssen, ob wir in unserer Komfortzone bleiben oder neue Möglichkeiten erkunden möchten. Dieses Kapitel zeigt, dass Mut nicht die Abwesenheit von Angst bedeutet, sondern vielmehr der Wille, trotz dieser Angst weiter voranzukommen. Durch die Entscheidung, das Labyrinth zu erkunden, lernt Malin, dass Veränderungen beängstigend sein können, aber auch eine Tür zu Wachstum und Entdeckung sind.

Kapitel 3: Der erste Schritt ins Unbekannte

Malin schritt mit wild klopfendem Herzen durch das Labyrinth. Mit jedem Schritt entfernte er sich ein Stück weiter von Posten C, diesem Ort, den er kannte und an dem er sich immer sicher gefühlt hatte. Er drehte sich jedoch nicht um. Er wusste, dass es zu einfach sein würde, zurückzukehren und der Versuchung der Sicherheit nachzugeben. Aber er hatte eine Entscheidung getroffen: Er würde weitermachen, egal was passierte.

Das Labyrinth, das er einst als vertrauten Ort gesehen hatte, kam ihm nun fremd und geheimnisvoll vor. Die Wände waren kalt und feucht, und die Korridore erstreckten sich so weit das Auge reichte und tauchten in Dunkelheit ein. Malin spürte, wie Angst in ihm aufstieg, aber er versuchte, sie zu verdrängen. Er sagte sich immer wieder, dass diese Angst Teil der Reise sei, dass sie normal und sogar notwendig sei. Schließlich war es dieselbe Angst, die ihn zum Handeln und zum Verlassen von Posten C getrieben hatte.

„Vielleicht ist der Käse gleich hinter dieser Kurve", sagte er sich, um sich Mut zu machen. „Vielleicht ist das, was ich suche, näher als ich denke."

Malin ging weiter voran, seine Schritte hallten in den verlassenen Korridoren des Labyrinths wider. An jeder Kreuzung blieb er stehen und lauschte auf Geräusche, die ihm den Weg weisen könnten. Aber die Stille war total. Er musste seinen Instinkten und seiner Intuition vertrauen, um zu entscheiden, welchen Weg er einschlagen sollte.

Irgendwann kam er an eine Kreuzung, an der sich zwei Korridore trennten. Einer war breit und gut beleuchtet, der andere war schmal und ins Halbdunkel getaucht. Der breite Korridor schien sicherer und einladender zu sein. Aber etwas im anderen Korridor, dem dunklen und schmalen, zog Malin an. Es war, als ob dieser Weg, obwohl er einschüchternder war, ihn herausforderte, ihn zu gehen.

„Finden sich die wertvollsten Dinge nicht manchmal an den unerwartetsten Orten?" Dachte Malin. Es war eine neue Idee für ihn, aber sie klang wahr. Bisher hatte er immer den einfachsten Weg gewählt, der die größte Sicherheit bot. Aber heute wollte er etwas anderes machen. Er wollte sich selbst beweisen, dass er seine Angst überwinden konnte.

Mit neuer Entschlossenheit wählte Malin den schmalen, dunklen Korridor. Je weiter er vordrang, desto enger wurde der Durchgang. Die Wände rückten näher, die Luft wurde kühler, fast eisig. Jeder Schritt schien schwieriger als der letzte, aber Malin blieb nicht stehen. Er wusste, dass es seine Entscheidung war, hier zu sein, dass er diesen Weg nicht gewählt hatte, weil er einfach war, sondern weil er hoffte, dass er ihn zu etwas Besserem führen würde.

Als er weiterging, erschien in der Ferne ein schwaches Licht. Malin spürte, wie sein Herz raste. Er beschleunigte sein Tempo, Hoffnung keimte in ihm auf. Vielleicht hatte er die richtige Wahl getroffen. Vielleicht bedeutete dieses Licht, dass er etwas Neues entdecken würde.

Endlich erreichte er die Lichtquelle, einen kleinen Raum, der am Ende des Korridors versteckt war. In der Mitte des Raumes lag ein kleines Stück Käse. Nicht viel, aber genug, um Malin Hoffnung zu geben. Es war ein Beweis dafür, dass er das Richtige getan hatte, indem er nicht aufgab.

Malin näherte sich vorsichtig dem Käse und schnupperte daran. Der Geruch war süß und frisch, anders als der Käse, den er bei Post C zu essen gewohnt war. Er nahm einen kleinen Bissen und ein Lächeln erschien auf seinem Gesicht. Dieser Käse war anders, aber lecker. Er hatte einen neuen Geschmack, eine Vorliebe für Abenteuer, für Entdeckungen. Es war nicht der große Käsevorrat, den er gewohnt war, aber es war ein Zeichen dafür, dass er auf dem richtigen Weg war.

Während Malin dieses kleine Stück Käse genoss, wurde ihm etwas sehr Wichtiges klar : Es war nicht nur der Käse, den er gefunden hatte, sondern auch ein neues Selbstvertrauen. Die einfache Tatsache, diesen schwierigen Weg eingeschlagen zu haben und es gewagt zu haben, sich seiner Angst zu stellen, erfüllte ihn mit einem Gefühl des Stolzes, das er noch nie zuvor empfunden hatte.

Dieser erste Schritt ins Unbekannte hatte nicht nur seine Situation verändert; er hatte Malin selbst verändert. Er hatte gelernt, dass er zu mehr fähig war, als er dachte. Dass er sich seinen Ängsten stellen konnte, dass er schwierige Entscheidungen treffen konnte und dass er selbst an den unerwartetsten Orten Neues entdecken konnte.

Malin wusste, dass es noch viel zu tun gab. Dieses kleine Stück Käse war nur der Anfang. Wahrscheinlich gab es noch mehr Stücke zu entdecken, vielleicht sogar eine neue Käsestation irgendwo im Labyrinth. Aber jetzt fühlte er sich bereit, seine Erkundung fortzusetzen. Er hatte keine Angst mehr vor dem Unbekannten, er war begeistert von dem, was er noch entdecken konnte.

In diesem Kapitel trifft Malin eine entscheidende Entscheidung: einen schwierigen, aber möglicherweise lohnenderen Weg einzuschlagen. Dieses Kapitel zeigt, dass man manchmal den Mut haben muss, seine Komfortzone zu verlassen, um neue Möglichkeiten zu entdecken. Malin beginnt zu verstehen, dass Veränderungen, obwohl sie beängstigend sind, auch neue Erfahrungen und neue Erfolge mit sich bringen können. Seine Entscheidung, einen anderen Weg einzuschlagen, zeigt, dass er stärker, mutiger und selbstbewusster wird. Er lernt, dass der erste Schritt ins Unbekannte oft der schwierigste, aber auch der lohnendste sein kann.

Kapitel 4: Die Entdeckung von Malin

Nachdem er das kleine Stück Käse genossen hatte, das er in dem versteckten Raum gefunden hatte, fühlte sich Malin gestärkt. Es war nicht nur der Käse selbst, der ihm Energie gab, sondern auch die Erkenntnis, dass er eine schwierige Entscheidung getroffen und es geschafft hatte, seine Angst zu überwinden. Zum ersten Mal fühlte er sich in diesem riesigen Labyrinth Herr seines eigenen Schicksals.

Malin brauchte einen Moment, um darüber nachzudenken, was sie als nächstes tun sollte. Das Stück Käse, das er fand, war köstlich, aber er wusste, dass er mehr brauchen würde, um weiterzukommen. Er konnte nicht ewig hier bleiben und darauf hoffen, dass auf magische Weise weitere Käsestücke auftauchten. Er musste seine Erkundung des Labyrinths fortsetzen, neue Gänge entdecken und vielleicht sogar einen Ort finden, der noch reicher an Käse war.

Mit dieser Idee im Hinterkopf verließ Malin den kleinen Raum und kehrte in den dunklen Korridor zurück, den er genommen hatte. Diesmal verspürte er nicht die gleiche Angst wie zuvor.

Das Labyrinth war zwar immer noch einschüchternd, wirkte aber jetzt etwas vertrauter. Er hatte sich dem Unbekannten gestellt und entdeckt, dass er in der Lage war, sich daran anzupassen.

Als er vorwärts ging, bemerkte Malin, dass der Korridor breiter wurde und die Wände weniger drückend wirkten. Das Licht war zwar immer noch schwach, wurde aber etwas heller und machte den Weg weniger unheimlich. Diese Veränderung war zwar subtil, gab ihm aber noch mehr Selbstvertrauen. Er hatte das Gefühl, dass das Labyrinth selbst ihn ermutigte, weiterzumachen.

Als er ging, sah Malin Spuren an den Wänden. Sie waren leicht, von der Zeit fast ausgelöscht, aber sie waren da, wie Spuren, die andere vor ihm hinterlassen hatten. Vielleicht waren Detect und Rusé denselben Weg gegangen? Oder hatten auch andere Entdecker diese Passage genutzt? In jedem Fall waren diese Markierungen ein Zeichen dafür, dass er nicht der Einzige war, der in diesem riesigen Labyrinth nach Käse suchte. Es tröstete ihn zu wissen, dass andere vielleicht schon den Weg zu einem neuen Käse gefunden haben.

Nachdem Malin eine gefühlte Ewigkeit gelaufen war, kam sie an eine andere Kreuzung. Diesmal standen ihm drei Korridore zur Verfügung.

Der erste war groß und gut beleuchtet, mit glatten, sauberen Wänden. Der zweite war schmaler und hatte etwas rauere Wände, und der dritte schien leicht abzufallen und in tiefe Dunkelheit einzutauchen.

Malin hielt inne, um nachzudenken. Der gut beleuchtete Flur war verlockend, fast einladend. Aber er erinnerte sich an die Lektion, die er zuvor gelernt hatte : Die offensichtlichsten Wege sind nicht immer die besten. Der zweite Korridor sah zwar etwas rauer aus, sah aber vielversprechend aus. Was das Dritte betrifft, löste es in ihm eine instinktive Angst aus, ein Gefühl, dass er vielleicht noch nicht bereit war, sich diesem tiefen, dunklen Ort zu stellen.

Nachdem Malin seine Optionen abgewogen hatte, entschied er sich schließlich für den zweiten Korridor. Ihm gefiel die Idee, einen Weg einzuschlagen, der herausfordernd war, ihn aber nicht völlig in die Dunkelheit stürzte. Er wusste, dass er weiterhin an seine Grenzen gehen musste, aber auch auf seine Intuition hören musste.

Der von ihm gewählte Korridor war etwas schwieriger zu überqueren. Der Boden war uneben, die Wände waren mit kleinen Unebenheiten übersät, die Malin scheinbar zurückhalten wollten. Doch trotz dieser Hindernisse ging er weiter voran, entschlossen zu sehen, wohin ihn dieser Weg führen würde. Bei jedem Schritt hatte er das Gefühl, dass ihn etwas Neues erwartete, etwas, das er nie entdeckt hätte, wenn er mit Blocked bei Post C geblieben wäre.

Nach einigen Minuten des Gehens begann sich der Korridor zu verbreitern. Malin sah am Ende des Gangs ein helleres Licht. Er beschleunigte sein Tempo und die Aufregung stieg in ihm. Vielleicht war er gerade dabei, eine neue Entdeckung zu machen!

Als Malin an der Lichtquelle ankam, entdeckte er einen großen Raum, viel größer als der, den er zuvor verlassen hatte. Und da, in der Mitte des Raumes, lag ein Haufen Käse. Nicht nur ein kleines Stück wie zuvor, sondern ein wahres Festmahl aus Käse aller Art : groß, klein, rund, quadratisch, mit vielfältigen Farben und köstlichen Aromen, die die Luft erfüllten.

Malin war sprachlos. Er konnte nicht glauben, was er sah. All dieser Käse, versteckt hier, in dieser Ecke des Labyrinths! Es war mehr, als er jemals erwartet hätte. Er näherte sich langsam, fast als fürchtete er, alles würde verschwinden, wenn er zu viel Lärm machte.

Als Malin ein Stück Käse nahm, verspürte sie eine große Befriedigung. Er hatte gefunden, was er suchte, und es war sogar noch besser, als er es sich vorgestellt hatte. Der Käse war frisch, aromatisch und reichlich. Er wurde nicht nur mit dem Essen belohnt, sondern auch mit der Erkenntnis, dass sich sein Mut und seine Ausdauer ausgezahlt hatten.

Während Malin diesen Käse genoss, wurde ihm eine weitere wichtige Wahrheit bewusst: Es kam nicht nur auf den Käse an, sondern auch auf den Weg, den er zurückgelegt hatte, um ihn zu finden. Der Mut, den er gezeigt hatte, als er Posten C verließ, die Entschlossenheit, mit der er einen schwierigen Weg wählte , und die Beharrlichkeit, die ihn so weit gebracht hatte, waren wertvolle Lektionen. Er verstand, dass das Leben im Labyrinth voller Herausforderungen war, aber dass diejenigen, die bereit waren, sich ihnen zu stellen, verborgene Schätze entdecken konnten.

Malin wusste, dass er nun entscheiden musste, was er als nächstes tun würde. Soll er hier bleiben und den ganzen Käse genießen oder das Labyrinth weiter erkunden, um zu sehen, was er sonst noch entdecken kann? Ein Teil von ihm wollte sich ausruhen und genießen, was er gefunden hatte. Aber ein anderer Teil, der mutiger war, fragte sich, ob er nicht noch mehr finden könnte, wenn er es wagen würde, die Erkundung fortzusetzen.

Er versprach sich, diesen Moment zu genießen, aber auch nie zu vergessen, was er gelernt hatte: Diese Veränderung ist zwar beängstigend, kann aber zu großen Entdeckungen führen. Diese Angst vor dem Unbekannten ist normal, sollte uns aber nicht davon abhalten, voranzukommen. Und vor allem werden Ausdauer und Mut oft mit unerwarteten Überraschungen belohnt.

Malin beschloss, vorerst hier zu bleiben, aber immer daran zu denken, das Labyrinth weiter zu erkunden. Er wusste jetzt, dass er die Kraft und den Mut hatte, sich jeder Herausforderung zu stellen, die ihm dieses Labyrinth stellen könnte.

In diesem Kapitel macht Malin eine wichtige Entdeckung, die seinen Mut und seine Ausdauer belohnt. Er findet nicht nur Käse, sondern auch neues Selbstvertrauen. Dieses Kapitel zeigt, dass die Überwindung von Ängsten und die Wahl schwieriger Wege zu unerwarteten und positiven Ergebnissen führen können. Malin erfährt, dass die Reise durch das Labyrinth genauso wichtig ist wie das Ziel und dass jeder Schritt, egal wie schwierig, ihn einer wertvollen Entdeckung näher bringen kann. Er versteht, dass das Leben voller Überraschungen für diejenigen ist, die es wagen, das Unbekannte mit Mut und Entschlossenheit zu erkunden.

Kapitel 7: Gemeinsam im Unbekannten

Smart und Blocked verließen Posten C, ihre Schritte hallten in den dunklen Korridoren des Labyrinths wider. Für Blocked schien jeder Schritt schwerer zu sein als der letzte. Sein Herz war hin- und hergerissen zwischen der Angst vor dem Unbekannten und der Hoffnung, dass er tatsächlich neuen Käse finden würde. Er warf einen Blick auf Malin, die entschlossen neben ihm herging, und fühlte sich etwas beruhigter. Malin war schon einmal durch diese Korridore gegangen, und wenn es ihm gelungen war, Käse zu finden, dann vielleicht auch.

Die ersten paar Minuten waren still, alle waren in ihre Gedanken versunken. Blocked musste an den Käse denken, den sie bei Post C verloren hatten. Der Verlust hatte ihn so sehr beunruhigt, dass er an der Hoffnung festhielt, dass alles wieder normal werden würde. Aber jetzt wurde ihm klar, dass das Stillstehen nichts verändert hatte. Es war Zeit, sich der Realität zu stellen.

„Klug", begann Blocked und brach schließlich das Schweigen, „woher wussten Sie, dass Sie gehen mussten? Ich meine, wie haben Sie Ihre Angst überwunden und beschlossen, Posten C zu verlassen?"

Malin dachte einen Moment nach, bevor sie antwortete. „Ich wusste es nicht wirklich, Blocked. Als ich sah, dass der Käse weg war, hatte ich Angst, genau wie du. Aber als ich Detect und Tricky ohne zu zögern gehen sah, wurde mir klar, dass sie vielleicht – Recht haben mussten. Das wurde mir klar." Da zu stehen und zu warten, würde uns keinen Käse bringen, also beschloss ich zu gehen, obwohl ich Angst hatte, dass ich es zumindest versucht hätte, wenn ich nichts gefunden hätte.

Blocked nickte nachdenklich. „Aber was ist, wenn wir dieses Mal nichts finden?" fragte er und seine Stimme verriet seine Besorgnis.

„Es besteht immer die Möglichkeit, dass man nichts findet", gab Malin zu. „Aber es gibt auch eine Chance, etwas Besseres zu finden. Das Labyrinth ist groß und voller Überraschungen. Sicher ist: Wenn wir nicht suchen, werden wir nichts finden."

Diese Worte hallten in Blocked wider, der spürte, wie sich mit seiner Angst ein Anflug von Ermutigung mischte. Er erkannte, dass der wahre Misserfolg nicht darin bestand, keinen Käse zu finden, sondern darin, es nicht einmal zu versuchen.

Sie gingen schweigend weiter, und jeder Korridor, den sie einschlugen, schien sie weiter ins Unbekannte zu führen. Die stellenweise mit Moos bedeckten Wände sorgten für eine feuchte und kühle Luft. Von Zeit zu Zeit blieben sie stehen, um ihre Umgebung zu beobachten, auf der Suche nach Hinweisen, Spuren, die Detect und Cunning hinterlassen hatten, oder Anzeichen für das Vorhandensein von Käse. Aber im Moment war nichts zu sehen.

„Erinnerst du dich, Blocked", sagte Malin plötzlich, „wie wir im Labyrinth immer den einfachsten Weg eingeschlagen haben, immer denselben, ohne jemals andere Richtungen zu erkunden?"

„Ja", antwortete Blocked. „Wir dachten, es sei am sichersten, wo wir hingingen, gab es immer Käse, warum also wechseln?"

„Genau", antwortete Malin. „Aber das ist das Problem. Wir haben uns so an unsere Routine gewöhnt, dass wir nie darüber nachgedacht haben, was woanders verborgen sein könnte. Wir haben uns mit dem begnügt, was wir hatten, ohne jemals darüber nachzudenken. Fragen Sie, ob es etwas Besseres gibt."

Blockierter Gedanke über diese Worte. Er hatte so viel Zeit damit verbracht, sich zu wünschen, dass alles so bleiben würde, wie es war, dass er nie gedacht hätte, dass es etwas

Besseres geben könnte. Jetzt begann er zu verstehen, was Malin ihm sagen wollte. Veränderungen sind zwar beängstigend, können aber auch eine Chance für Verbesserungen und Entdeckungen sein.

Als sie ihren Spaziergang fortsetzten, bemerkte Blocked Dinge, die er noch nie zuvor gesehen hatte. Kleine Details im Labyrinth, Markierungen an den Wänden, Luftströmungen, die auf andere Durchgänge hindeuteten. Jedes noch so kleine Detail war eine neue Entdeckung, ein Hinweis darauf, dass es noch so viel zu erforschen gab.

„Schau, Smart", sagte Blocked und blieb bei einer Markierung an der Wand stehen. „Das ist mir noch nie aufgefallen. Es sieht aus, als wäre hier jemand vorbeigegangen."

Malin kam näher, um das Zeichen zu untersuchen. „Vielleicht ist es Detect and Cunning", sagte er. „Sie müssen uns weit voraus sein, aber es zeigt zumindest, dass wir auf dem richtigen Weg sind."

Dieses einfache Zeichen gab Blocked einen neuen Hoffnungsschimmer. Vielleicht hatte Malin recht. Vielleicht wäre noch Käse zu finden, wenn sie nur weiterziehen würden.

Nach ein paar weiteren Kreuzungen und Korridorwahlen begannen Smart und Blocked einen schwachen Geruch in der

Luft wahrzunehmen. Es war nicht sehr laut, aber es kam mir bekannt vor. „Riechst du das, Block?" fragte Malin und sein Gesicht leuchtete auf.

Blocked schnupperte in der Luft. „Ja, es riecht... nach Käse!" rief er mit neuer Aufregung in seiner Stimme.

Von diesem Geruch geleitet, gingen sie entschlossener voran. Je weiter sie kamen, desto stärker wurde der Geruch. Nachdem sie schließlich einen letzten Korridor hinter sich gelassen hatten, entdeckten sie einen kleinen versteckten Raum, in dessen Mitte ein Haufen Käse lag.

Blocked stand wie erstarrt da und konnte nicht glauben, was er sah. „Wir haben ihn gefunden, Malin. Wir haben wirklich Käse gefunden!"

Malin lächelt, erleichtert und glücklich. „Ja, blockiert. Und das alles nur, weil du den Mut hattest, Posten C zu verlassen und mit mir auf Entdeckungsreise zu gehen."

Sie näherten sich dem Käse, und Blocked nahm ein Stück und probierte es sorgfältig. Es war köstlich, anders als der Käse, den sie bei Post C gegessen hatten, aber genauso sättigend. Zum ersten Mal seit langer Zeit verspürte Blocked echte Freude. Er hatte seine Angst überwunden, einen Schritt ins Unbekannte gemacht und gefunden, wonach er suchte.

Während sie aßen, wandte sich Blocked an Malin. „Danke, dass du mich ermutigt hast zu gehen, Malin. Ich hätte diesen Käse nie gefunden, wenn du nicht nach mir gesucht hättest."

Malin schüttelte lächelnd den Kopf. „Wir stecken beide in diesem Labyrinth fest. Jeder von uns muss seinen eigenen Weg gehen, aber es ist einfacher, wenn wir jemanden haben, der uns unterstützt."

Nachdem sie sich satt gegessen hatten, beschlossen Malin und Blocked, damit nicht aufzuhören. Sie wussten, dass es im Labyrinth noch viel zu entdecken und vielleicht sogar noch mehr Käse zu finden gab. Sie ruhten sich einen Moment aus, dann standen sie auf und waren bereit, ihre Erkundung fortzusetzen.

„Also, Stuck, bereit, noch weiter zu erkunden?" fragte Malin mit einem aufmunternden Lächeln im Gesicht.

Blocked nickte entschlossen. „Ja, Smart. Ich bin bereit. Lass uns sehen, was das Labyrinth sonst noch zu bieten hat."

Und so setzten die beiden Freunde ihr Abenteuer im Labyrinth fort, dieses Mal gemeinsam, stärker und selbstbewusster als je zuvor. Sie wussten, dass der Weg immer noch voller Herausforderungen sein würde, aber sie wussten auch, dass sie bereit waren, sich ihnen zu stellen. Gemeinsam waren sie bereit, den ganzen Käse zu entdecken, den das Labyrinth verbarg, und noch viel mehr.

In diesem Kapitel beginnen Smart und Blocked gemeinsam ihre Reise durch das Labyrinth und symbolisieren die Bedeutung gegenseitiger Unterstützung angesichts des Wandels. Blocked erfährt mithilfe von Malin, dass das Verlassen der Komfortzone zu bereichernden Entdeckungen führen kann. Dieses Kapitel zeigt, dass Veränderungen zwar oft schwierig sind, es aber einfacher ist, sie mit einem Freund an der Seite zu meistern. Gemeinsam finden sie neuen Käse und entdecken, dass das Unbekannte nicht so beängstigend ist, wenn man die richtige Gesellschaft hat. Ihr gemeinsames Abenteuer im Labyrinth wird zur Metapher für Mut, Freundschaft und Zuversicht in die Zukunft.

Kapitel 6: Die Überraschungen des Labyrinths

Nachdem sie den kleinen Raum verlassen hatten, in dem sie Käse gefunden hatten, setzten Smart und Blocked mit neuer Energie ihre Erkundung des Labyrinths fort. Nachdem sie nun einen Ort voller Käse entdeckt hatten, war ihr Selbstvertrauen gestärkt und sie waren bereit, sich den bevorstehenden Herausforderungen zu stellen. Vor allem blockiert fühlte es sich anders an. Er hatte seine anfängliche Angst überwunden und obwohl er sich immer noch unsicher fühlte, begann er, dieses neue Abenteuer zu genießen.

„Weißt du, Smart", sagte Blocked und ging neben ihm her, „ich hätte nie gedacht, dass es eine gute Idee wäre, Posten C zu verlassen. Jetzt wird mir klar, dass ich diesen neuen Käse nie gefunden hätte, wenn ich nicht gegangen wäre."

Malin lächelte, als sie diese Worte hörte. „Ich bin froh, dass du mitgekommen bist, Blocked. Das Labyrinth ist groß und immer voller Überraschungen. Was wir gefunden haben, ist vielleicht erst der Anfang."

Von dieser Idee ermutigt, machten sie weiter, trafen an jeder Kreuzung gemeinsam Entscheidungen und halfen sich gegenseitig bei der Auswahl der Korridore, die sie erkunden wollten. Die Bindung zwischen ihnen wuchs und sie fühlten sich gemeinsam stärker.

Nach ein paar Stunden Fußmarsch erreichten sie eine weitere Kreuzung, diesmal komplexer als die vorherigen. Vor ihnen erstreckten sich drei Korridore, von denen jeder eine andere Richtung bot. Der erste war breit und gerade, von seiner Spitze strahlte diffuses Licht aus. Der zweite, schmalere, schien scharf nach links abzubiegen und in die Dunkelheit einzutauchen. Der dritte Weg war jedoch kurvig und mit kleinen Pfützen übersät, was ihn rutschig und potenziell gefährlich machte.

„Welchen Weg sollen wir einschlagen?" fragte Block unsicher.

Malin betrachtete die drei Korridore und versuchte herauszufinden, welcher sie zu einer neuen Entdeckung führen könnte. „Ich denke, der verwinkelte Korridor könnte etwas Interessantes verbergen", antwortete er nach einem Moment des Nachdenkens. „Es scheint schwierig zu sein, durchzukommen, aber darin liegen oft die größten Belohnungen."

Blocked schaute mit einiger Besorgnis den gewundenen Korridor entlang. „Er sieht gefährlich aus ... aber vielleicht hast du recht. Ich bin bereit, es zu versuchen, solange wir zusammen bleiben."

Nachdem diese Entscheidung getroffen war, gingen sie den gewundenen Korridor entlang. Von den ersten Schritten an spürten sie die Schwierigkeit des Geländes. Der Boden war durch Pfützen rutschig, und die stellenweise schmalen Wände zwangen sie, im Gänsemarsch zu gehen. Dennoch machten sie weiter, ihr Entschluss, etwas Neues zu entdecken, trieb sie voran.

Der Weg wurde immer schwieriger, aber sie gingen vorsichtig voran und halfen sich gegenseitig bei jedem Hindernis. Mehrmals mussten sie anhalten, um Luft zu holen oder herauszufinden, wie sie eine besonders knifflige Passage am besten bewältigt. Doch trotz der Schwierigkeiten gaben sie nicht auf.

Nach einer Weile spürten sie eine leichte Brise. Es war kalt, aber es hing einen vertrauten Geruch mit sich: den von Käse. „Riechst du das?" fragte Malin, seine Augen leuchteten vor Aufregung.

Blocked schnupperte in der Luft und nickte begeistert. „Ja, es ist Käse! Wir müssen nah dran sein."

Sie beschleunigten ihre Schritte und folgten dem Geruch, der immer stärker wurde. Der gewundene Korridor schien sich leicht zu erweitern und das Licht, obwohl schwach, wurde deutlicher sichtbar. Als sie schließlich um die letzte Ecke bogen, entdeckten sie einen großen Raum, viel größer als alle anderen, die sie bisher gesehen hatten.

Der Raum war mit Käse gefüllt, aber nicht nur mit normalem Käse. Es war eine wahre Höhle voller Wunder mit Käsesorten in allen Formen und Größen, von denen einige noch nie zuvor gesehen worden waren. Es gab Käse in leuchtenden Farben, Käse mit unterschiedlicher Konsistenz und sogar Käse, der einen sanften Glanz auszustrahlen schien.

„Ich kann meinen Augen nicht trauen", murmelte Blocked, erstaunt über das, was er sah.

Malin war genauso erstaunt. „Es ist unglaublich … Ich hätte nie gedacht, dass es so viele Käsesorten gibt."

Sie näherten sich den Käsesorten vorsichtig, als hätten sie Angst, dass alles plötzlich verschwinden würde. Aber nein, es war alles real. Jeder nahm ein Stück eines anderen Käses und probierte es. Die Aromen waren reichhaltig und vielfältig, viel komplexer als das, was sie bei Post C erlebt hatten.

„Dieser Käse ist sogar noch besser als der, den wir zuvor gefunden haben", sagte Blocked aufgeregt. „Und es sind so viele!"

„Ich denke, wir haben hier etwas ganz Besonderes gefunden", antwortete Malin mit einem Lächeln im Gesicht. „Aber was noch spezieller ist, ist das, was wir gelernt haben, als wir hier ankamen."

Blocked nickte und verstand, was Malin meinte. Sie hatten Hindernisse überwunden, sich ihren Ängsten gestellt und etwas Wunderbares entdeckt. Der Käse war zwar eine Belohnung, aber der wahre Schatz war die Reise, die sie auf sich genommen hatten, um hierher zu kommen.

Sie verbrachten eine lange Zeit in der Höhle, probierten die verschiedenen Käsesorten und erkundeten jede Ecke des Raumes. Es gab Käsesorten für jeden Geschmack und sie konnten nicht anders, als von allem ein bisschen zu probieren. Je mehr sie probierten, desto klarer wurde ihnen, dass es sich bei dem, was sie entdeckt hatten, nicht nur um einen neuen Käsevorrat handelte, sondern um eine neue Sichtweise auf die Welt.

Während sie sich ausruhten, nachdem sie sich satt gegessen hatten, wandte sich Blocked mit ernstem Blick an Malin. „Weißt du, Malin, ich hätte nie gedacht, dass es so viele Käsesorten gibt. Aber jetzt wird mir klar, dass Käse nicht nur ein Lebensmittel ist. Es ist auch alles, was wir auf dem Weg entdecken, alles, was wir über uns selbst und die Welt lernen."

Malin nickte. „Genau, Blocked. Käse ist eine Metapher für all die guten Dinge, die wir im Leben finden können, wenn wir bereit sind, danach zu suchen. Aber um sie zu finden, müssen wir bereit sein, unsere Komfortzone zu verlassen und uns unseren Ängsten zu stellen." und das Unbekannte zu erforschen.

„Und genau das haben wir getan", fügte Blocked mit einem zufriedenen Lächeln im Gesicht hinzu. „Ich bin froh, dass ich diese Reise mit dir gemacht habe, Malin. Ich habe so viel gelernt, nicht nur über das Labyrinth, sondern auch über mich selbst."

„Ich auch, Blocked", antwortete Malin, berührt von den Worten seines Freundes. „Und das ist erst der Anfang. Das Labyrinth ist riesig und ich bin mir sicher, dass es noch so viel zu entdecken gibt."

Sie verbrachten noch etwas Zeit in der Höhle, aber sie wussten beide, dass sie nicht für immer hier bleiben konnten. Das Labyrinth hatte ihnen noch viel zu bieten und sie waren jetzt mehr denn je bereit, ihre Erkundung fortzusetzen.

Bevor sie gingen, nahmen sie sich ein paar Käsestücke mit, eine Erinnerung an ihre Entdeckung und eine Quelle des Trostes für die schwierigen Zeiten, die vor ihnen lagen. Dann, mit einem letzten Blick auf die Höhle, setzten sie Hand in Hand ihren Weg fort, bereit, sich allem zu stellen, was das Labyrinth noch für sie bereithalten mochte.

In diesem Kapitel machen Malin und Blocked eine große Entdeckung, indem sie eine Höhle voller verschiedener und wunderbarer Käsesorten finden. Dieses Kapitel veranschaulicht nicht nur die physische Belohnung ihrer Beharrlichkeit, sondern auch die emotionale und intellektuelle Belohnung, ihre Ängste zu überwinden und zu lernen, das Unbekannte zu erforschen. Insbesondere Blocked versteht, dass Käse mehr als nur Essen darstellt : Er ist eine Metapher für die Entdeckungen und Erkenntnisse, die das Leben denjenigen bietet, die es wagen, ihre Komfortzone zu verlassen. Gemeinsam erkennen Smart und Blocked, dass der wahre Schatz die Reise und die dabei gewonnenen Erkenntnisse sind, und sind nun bereit, ihr Abenteuer mit neuem Selbstvertrauen fortzusetzen.

Kapitel 7: Die Kraft der Erfahrung

Nachdem sie die Käsehöhle verlassen hatten, setzten Malin und Blockade ihre Erkundung des Labyrinths aus einer neuen Perspektive fort. Sie hatten jetzt ein besseres Verständnis für die Natur des Labyrinths und wussten, dass jede Wendung, jede Richtungswahl sie zu einer neuen Entdeckung, sogar zu neuen Lektionen führen konnte. Dieses Gefühl von Abenteuer und Entdeckung motivierte sie und sie fühlten sich bereit, sich jeder Herausforderung zu stellen, die sich ihnen bot.

Während sie gingen, musste Blocked an alles denken, was sie bisher erlebt hatten. „Clever, erinnerst du dich an den ersten Tag, als wir herausfanden, dass der Käse fehlte?" fragte er und brach das Schweigen.

Malin nickte. „Ja, ich erinnere mich sehr gut daran. Es war eine Zeit der Verwirrung und Angst für uns beide. Damals wusste ich nicht, was ich tun sollte, aber etwas in mir drängte mich dazu, zu gehen und das Labyrinth zu erkunden."

„Ich bin geblieben", antwortete Blocked mit einem Seufzer. „Ich wollte nicht akzeptieren, dass der Käse nicht zurückkommt. Ich dachte, alles würde wieder so sein, wie es war, wenn ich einfach dort bleiben und warten würde."

Malin legte tröstend eine Hand auf Blockeds Schulter. „Es war nicht einfach für dich, Blocked. Und ich verstehe, warum es dir schwer fiel, Posten C zu verlassen. Veränderung ist immer schwierig, besonders wenn du nicht weißt, was dahinter liegt."

„Aber jetzt verstehe ich, dass es nicht die Lösung war, dort herumzusitzen und darauf zu warten, dass sich die Dinge wieder normalisieren", fuhr Blocked fort. „Ich hätte von Anfang an mit dir gehen sollen. Aber ich bin froh, dass du für mich zurückgekommen bist."

Malin lächelte. „Jeder von uns hat sein eigenes Tempo, um Veränderungen zu akzeptieren, Blocked. Wichtig ist, dass du am Ende die Entscheidung getroffen hast, zu gehen. Und schau, wohin uns das geführt hat: zur Entdeckung unglaublicher Käsesorten und zu einem besseren Verständnis des Labyrinths."

„Da hast du recht", gab Block zu. „Ich fühle mich jetzt stärker und bereiter, mich allem zu stellen, was das Labyrinth bereithält. Ich weiß, dass ich nicht alles kontrollieren kann, was passiert, aber ich kann kontrollieren, wie ich reagiere."

Malin nickte und schätzte die Weisheit, die sein Freund gewonnen hatte. „Genau das ist es, Stuck. Wir können nicht vorhersagen, was das Labyrinth für uns bereithält, aber wir können uns dafür entscheiden, mit Zuversicht voranzukommen, aus unseren Erfahrungen zu lernen und offen für neue Möglichkeiten zu bleiben."

Als sie weitergingen, kamen sie an eine weitere Kreuzung, diesmal mit vier verschiedenen Korridoren. Jeder von ihnen schien in eine völlig andere Richtung zu führen. Smart und Blocked hielten inne, um ihre Optionen abzuwägen.

„Welches sollen wir nehmen?" fragte Blocked und suchte Malins Rat.

Malin beobachtete sorgfältig jeden Korridor. Einer war dunkel und am Ende war kein Licht zu sehen. Ein anderer schien leicht geneigt zu sein, als würde er auf eine tiefere Ebene des Labyrinths hinabsteigen. Der dritte Flur war eng und die Wände waren eng beieinander, was ein Gefühl der Enge vermittelte. Der letzte Flur war breit und gut beleuchtet, wirkte aber seltsam leer, als wäre er schon lange nicht mehr benutzt worden.

„Jeder dieser Wege hat seine eigenen Herausforderungen", sagte Malin nach einem Moment des Nachdenkens. „Der dunkle Korridor könnte schwer zu durchqueren sein, aber er könnte auch etwas Wertvolles verbergen. Wer auch immer nach unten geht, könnte uns auf eine andere Ebene des Labyrinths führen, vielleicht zu etwas völlig Neuem. Der enge Korridor könnte unangenehm sein, aber er könnte auch führen." uns zu einer kleinen versteckten Entdeckung. Und der breite, leere Korridor... nun ja, das scheint sicher zu sein, aber er könnte uns auch in eine Sackgasse führen.

„Also, welches wählen wir?" fragte Block, immer noch unsicher.

Malin holte tief Luft. „Ich denke, wir sollten den Weg wählen, der uns ein wenig herausfordert. Der dunkle Korridor mag beängstigend sein, aber wir haben die Angst vor dem Unbekannten bereits überwunden, oder?"

Blocked zögerte einen Moment, lächelte aber schließlich und nickte. „Ja, du hast recht. Wir sind jetzt stärker und müssen keine Angst vor dem haben, was wir nicht sehen können. Lass uns gehen."

Nachdem diese Entscheidung getroffen war, betraten sie den dunklen Flur. Je weiter sie vorankamen, desto intensiver wurde die Dunkelheit, aber sie wurden nicht langsamer. Sie wussten, dass sie jedes Hindernis überwinden konnten, solange sie zusammenblieben.

Der Boden unter ihren Füßen war fest, aber jeder Schritt hallte seltsam in der Stille wider. Die Wände schienen etwas näher zu kommen, aber sie gingen weiter vorwärts und konzentrierten sich auf das, was sie am Ende dieses Korridors erwarten könnte.

Plötzlich hörten sie ein Geräusch. Ein leichtes Knarren, als würde sich etwas in der Dunkelheit bewegen. Sie hielten abrupt inne und lauschten angestrengt, um zu verstehen, woher das Geräusch kam. „Was war das?" Flüsterte Block, sein Herz schlug schneller.

Malin hörte aufmerksam zu und versuchte, ruhig zu bleiben. „Ich weiß es nicht. Vielleicht liegt es nur daran, dass sich das Labyrinth bewegt. Oder vielleicht ist es etwas anderes. Wie dem auch sei, wir müssen weitermachen."

Mit wachen Sinnen setzten sie ihren Spaziergang fort. Das Geräusch war wieder zu hören, aber dieses Mal war es deutlicher. Es hörte sich an, als würde sich ein Stein bewegen, als würde sich etwas unter der Oberfläche des Labyrinths bewegen.

Als sie ein Stück weitergingen, sahen sie in der Ferne ein schwaches Leuchten. Das Licht war schwach, aber es war echt. „Schau da drüben", flüsterte Malin und zeigte auf das Licht. „Vielleicht müssen wir hierhin gehen."

Sie beschleunigten ihre Schritte und gingen mit neuer Entschlossenheit auf das Leuchten zu. Der Lärm hielt an, aber sie ließen ihn hinter sich und konzentrierten sich auf ihr Ziel. Schließlich erreichten sie die Lichtquelle: eine kleine Öffnung in der Wand, kaum breit genug, um hindurchzugehen.

„Es muss ein Geheimgang sein", sagte Blocked und seine Aufregung kehrte zurück. „Vielleicht ist es eine Abkürzung, vielleicht führt es zu etwas Neuem."

„Es gibt nur einen Weg, das herauszufinden", antwortete Malin mit einem Lächeln. "Lass uns gehen."

Sie schlüpften durch die Öffnung und spürten eine leichte Brise, die anzeigte, dass sie einen neuen Raum betraten. Auf der anderen Seite entdeckten sie einen kleinen Raum, der von einer natürlichen Lichtquelle beleuchtet wurde, möglicherweise ein Spalt im Labyrinth, der etwas Außenlicht hereinließ. In der Mitte des Raumes fanden sie einen kleinen Haufen Käse, weniger beeindruckend als der, den sie zuvor entdeckt hatten, aber dennoch verlockend.

Malin und Blocked näherten sich dem Käse und setzten sich, um ihn zu genießen. „Es ist nicht so groß wie das, was wir zuvor gefunden haben", sagte Blocked, „aber es ist trotzdem ein gutes Zeichen."

„Genau", antwortete Malin. „Es zeigt, dass es selbst an den dunkelsten und unerwartetsten Orten immer etwas zu entdecken gibt, und jede kleine Entdeckung bringt uns bei unserer Erkundung des Labyrinths ein Stück weiter."

Sie aßen ruhig und dachten über alles nach, was sie gelernt hatten. Insbesondere Blocked erkannte, dass das Labyrinth viel komplexer war, als er es sich jemals vorgestellt hatte. Jede Entscheidung, jeder eingeschlagene Weg führte sie zu neuen Erfahrungen, zu neuem Lernen.

„Weißt du, Malin", sagte Blocked, als er sein Stück Käse aufgegessen hatte, „ich fange an zu verstehen, dass wir nicht nur nach dem Käse suchen, sondern auch nach allem, was wir unterwegs entdecken." Wenn wir uns einer Herausforderung stellen, werden wir jedes Mal stärker, wenn wir eine Angst überwinden."

„Du hast es richtig verstanden, Block", antwortete Malin mit einem stolzen Lächeln. „Käse ist natürlich wichtig, aber es kommt wirklich darauf an, was wir werden, wenn wir danach suchen. Und diese Reise durch das Labyrinth ist noch nicht zu Ende. Es gibt noch so viel zu entdecken, so viele Wege zu erkunden."

„Dann machen wir weiter", sagte Block entschlossen. „Lasst uns weiterhin erforschen, lernen und entdecken, was das Labyrinth sonst noch zu bieten hat."

Mit einem neuen Gefühl der Kameradschaft und des Selbstvertrauens standen Malin und Blocked auf und waren bereit, ihre Erkundungstour fortzusetzen. Sie wussten jetzt, dass der Weg niemals einfach sein würde, aber sie waren entschlossener denn je, weiter voranzuschreiten, neue Käsesorten zu entdecken und mit jedem Schritt, den sie machten, etwas über dieses riesige und geheimnisvolle Gebiet zu lernen

Kapitel 8: Die Labyrinth-Links

Malin und Blocked machten sich wieder auf den Weg und ließen den kleinen, beleuchteten Raum zurück, in dem sie ihr letztes Stück Käse gefunden hatten. Während sie sich durch das Labyrinth bewegten, fühlten sie sich verbundener denn je. Ihr gemeinsames Abenteuer hatte sie einander näher gebracht und sie wussten, dass sie sich bei der Bewältigung der kommenden Herausforderungen aufeinander verlassen konnten. Aber sie wussten auch, dass das Labyrinth ein Ort voller Überraschungen war und dass es noch viel zu entdecken gab.

Während sie vorankamen, begann sich das Labyrinth um sie herum zu verändern. Die Korridore wurden komplexer, einige kreuzten einander, andere schienen in sich selbst eine Schleife zu bilden. Der zuvor glatte Boden war nun mit kleinen Steinen und Hindernissen übersät, was ihnen das Gehen erschwerte. Trotzdem gingen Malin und Blocked weiter voran und ließen sich von den Schwierigkeiten nicht entmutigen.

„Das Labyrinth wird immer komplizierter", bemerkte Blocked. „Sieht so aus, als würde er versuchen, uns zu verlieren."

„Vielleicht", antwortete Malin und warf einen Blick auf die Korridore, die sich vor ihnen erstreckten. „Aber jede Herausforderung, der wir uns bisher gestellt haben, hat uns etwas gelehrt. Ich denke, das ist auch hier so. Je komplexer das Labyrinth wird, desto mehr drängt es uns zum Nachdenken, zum Treffen von Entscheidungen und dazu, stärker zu werden."

„Ja, du hast recht", gab Blocked zu. „Ich denke, es ist wie im Leben. Je weiter man kommt, desto größer werden die Herausforderungen, aber das ist es auch, was einen wachsen lässt."

Ihr Gespräch erinnerte sie daran, wie wichtig es ist, konzentriert zu bleiben und sich nicht von der zunehmenden Komplexität des Labyrinths ablenken zu lassen. Sie wussten, dass jede Entscheidung, die sie trafen, mit Bedacht getroffen werden musste, aber auch mit dem Verständnis, dass selbst Fehler zu unerwarteten Entdeckungen führen konnten.

Als sie vorankamen, hörten sie seltsame Geräusche, die durch die Wände des Labyrinths hallten. Es waren nicht die üblichen Geräusche von Luft oder Steinen, sondern leichtere Geräusche, fast wie Flüstern. Smart und Blocked wechselten einen besorgten Blick, beschlossen aber weiterzumachen, neugierig zu wissen, was vor ihnen lag.

Das Geräusch wurde lauter, als sie sich einer Kreuzung im Labyrinth näherten. An der Ecke eines Korridors entdeckten sie etwas, was sie noch nie zuvor gesehen hatten : eine weitere Gruppe kleiner Männer, ähnlich wie sie, die ebenfalls das Labyrinth zu erkunden schienen.

Es gab vier dieser Neuankömmlinge: Zwei von ihnen schienen genauso entschlossen wie Smart und Blocked und gingen an der Spitze der Gruppe, während die anderen beiden eher zögerlich wirkten und sich nervös umsahen. Jeder von ihnen trug kleine Taschen, ähnlich denen, die Malin und Blocké zum Transport ihres Käses gemacht hatten, ein Zeichen dafür, dass sie unterwegs auch Käse gefunden hatten.

„Hallo", sagte Malin und näherte sich vorsichtig. „Ich hatte nicht erwartet, andere Entdecker im Labyrinth zu sehen."

Die vier Neuankömmlinge blieben leicht überrascht stehen, lächelten aber, als sie sahen, dass Smart und Blocked keine Bedrohung darstellten. „Hallo", antwortete einer der beiden, die vorne gingen, ein kleiner, kräftiger Mann mit selbstbewusstem Blick. „Wir hatten auch nicht erwartet, andere Entdecker zu treffen. Bist du schon lange hier?"

„Wir erkunden das Labyrinth schon seit einiger Zeit", erklärte Blocked und fühlte sich etwas entspannter. „Wir haben mehrere Orte voller Käse entdeckt, aber es gibt noch so viel zu lernen."

Der andere kleine Mann, der der Anführer der Gruppe zu sein schien, nickte. „Dasselbe gilt für uns. Das Labyrinth ist riesig und voller Überraschungen. Wir haben Käse gefunden, aber jeden Tag gibt es neue Herausforderungen zu meistern."

Smart und Blocked tauschten Blicke mit den anderen Entdeckern und spürten, wie sich zwischen ihnen eine Bindung bildete. Das Labyrinth war ein schwieriger Ort, aber zu wissen, dass sie auf ihrer Suche nicht allein waren, war tröstlich.

„Haben Sie in letzter Zeit interessante Orte gefunden?" fragte einer der Neuankömmlinge, ein kleiner, jüngerer Mann, der immer noch voller Energie zu sein schien.

„Ja", antwortete Malin. „Wir entdeckten eine große Höhle voller verschiedener Käsesorten, Sorten, die wir noch nie zuvor gesehen hatten. Aber um dorthin zu gelangen, mussten wir schwierige Passagen überwinden und unsere Ängste überwinden."

„Das hört sich großartig an", sagte ein anderer der Neuen, eine zierliche Frau mit lockigem Haar. „Wir haben auch Käse gefunden, aber eine so große Höhle haben wir noch nicht entdeckt. Vielleicht könnten wir unsere Erkenntnisse und Erfahrungen teilen? Das könnte uns allen helfen, das Labyrinth besser zu verstehen."

Smart und Blocked tauschten einen weiteren Blick. Es könnte eine großartige Idee sein, ihr Wissen und ihre Entdeckungen zu teilen. Das Labyrinth war komplex und die Zusammenarbeit mit anderen Entdeckern könnte ihr Abenteuer lohnender und weniger einsam machen.

„Ich denke, das ist eine tolle Idee", sagte Malin begeistert. „Gemeinsam könnten wir weitere Korridore erkunden, mehr Käse entdecken und vielleicht sogar einige der Geheimnisse des Labyrinths verstehen."

Die anderen Entdecker stimmten begeistert zu und schon bald setzten sich die beiden Gruppen zusammen, um Geschichten und Wissen auszutauschen. Sie sprachen über die Herausforderungen, denen sie gegenüberstanden, die Entscheidungen, die sie getroffen hatten, und die Lektionen, die sie dabei gelernt hatten.

Blocked, der einst Angst gehabt hatte, Posten C zu verlassen, fühlte sich selbstbewusster als je zuvor. Als er die Geschichten anderer Menschen hörte, wurde ihm klar, dass jeder Ängste und Zweifel hatte, aber erst durch die Überwindung dieser

Ängste wuchsen sie. Er erkannte, dass der Austausch seiner Erfahrungen, das Zuhören der Erfahrungen anderer und die Zusammenarbeit wesentliche Elemente für den Erfolg im Labyrinth waren.

„Es gibt noch so viel zu entdecken", sagte der Leiter der Newcomer-Gruppe. „Wir müssen weiter forschen, aber jetzt, wo wir uns kennen, können wir uns auch gegenseitig auf dem Weg helfen. Vielleicht könnten wir uns an einigen Treffpunkten im Labyrinth treffen, um Informationen auszutauschen?"

Malin stimmte begeistert zu. „Ja, das würde es uns ermöglichen, unsere Chancen, neuen Käse zu entdecken, zu maximieren. Wir könnten sogar bestimmte Teile des Labyrinths kartieren, um unsere zukünftigen Erkundungen zu erleichtern."

Blocked fühlte sich von dieser Idee getröstet. Er wusste, dass das Labyrinth weiterhin ein schwieriger und unvorhersehbarer Ort war, aber das Wissen, dass er neben Malin auch auf andere Entdecker zählen konnte, gab ihm ein neues Gefühl von Sicherheit und Kameradschaft.

Nachdem die Details besprochen waren, bereiteten sich die beiden Gruppen darauf vor, getrennte Wege zu gehen und ihre Erkundung des Labyrinths fortzusetzen. Aber dieses Mal taten sie es mit der Gewissheit, dass sie nicht mehr allein waren. Sie wussten , dass sie sich auch aus der Ferne aufeinander verlassen konnten, um sich gegenseitig zu unterstützen und ihre Entdeckungen auszutauschen.

Bevor sie ging, wandte sich Malin an den Anführer der Gruppe. „Viel Glück euch allen. Wir werden uns bald wiedersehen und ich kann es kaum erwarten zu sehen, was ihr entdeckt."

„Viel Glück auch für Sie", antwortete der Anführer mit einem Lächeln. „Und denken Sie daran: Das Labyrinth ist groß, aber gemeinsam können wir jeden Winkel erkunden."

Mit einer letzten Verbeugung trennten sich die beiden Gruppen, wobei jede einen anderen Weg in das Labyrinth einschlug. Smart und Blocked, jetzt entschlossener denn je, setzten ihren Spaziergang fort. Das Labyrinth wirkte nun weniger einschüchternd, da sie wussten, dass sie Teil einer größeren Forschergemeinschaft waren.

„Ich bin froh, dass ich diese anderen Entdecker getroffen habe", sagte Blocked, als er neben Malin ging. „Es gibt mir das Gefühl, dass wir wirklich Teil von etwas Größerem sind."

„Ja, es ist beruhigend", antwortete Malin. „Und das motiviert mich noch mehr, weiterzumachen. Wir wissen nicht, was das Labyrinth für uns bereithält, aber wir wissen, dass wir nicht allein sind. Und das macht den Unterschied."

Mit dieser neuen Perspektive setzten Smart und Blocked ihr Abenteuer fort und waren bereit, sich allem zu stellen, was das Labyrinth auf sie werfen könnte. Sie wussten, dass ihre Erkundung noch lange nicht zu Ende war, aber sie waren stärker, weiser und entschlossener als je zuvor. Zusammen mit ihren neuen Verbündeten waren sie bereit, alle im Labyrinth verborgenen Geheimnisse zu entdecken und allen Käse zu finden, den es zu bieten hatte.

In diesem Kapitel erleben Smart und Blocked eine unerwartete Begegnung mit anderen Labyrinth-Entdeckern, wodurch ihnen klar wird, wie wichtig Zusammenarbeit und Wissensaustausch sind. Dieses Kapitel zeigt, dass dies auch in einer komplexen und oft einsamen Umgebung der Fall ist

Kapitel 9: Die letzte Offenbarung

Smart und Blocked setzten ihre Erkundung des Labyrinths mit neuer Energie fort, verstärkt durch ihr kürzliches Treffen mit anderen Entdeckern. Sie wussten nun, dass sie mit ihrer Suche nicht allein waren und dass der Austausch von Wissen ihnen helfen könnte, schneller und weiter voranzukommen. Sie waren sich jedoch auch bewusst, dass das Labyrinth ein Ort voller Geheimnisse blieb und dass es noch so viel zu entdecken gab.

Während sie gingen, begann sich das Labyrinth erneut zu verändern. Die Korridore wurden breiter und heller, als ob das Labyrinth selbst sie zu einem bestimmten Ziel führen würde. Sie hatten das Gefühl, dass etwas anderes geschah, als ob sie sich einem wichtigen Ort näherten.

„Clever, ist dir aufgefallen, wie sich das Labyrinth verändert hat?" fragte Blocked neugierig. „Es scheint, als ob es weniger bedrückend und offener wird."

„Ja, das ist mir auch aufgefallen", antwortete Malin mit wachem Geist. „Es ist, als ob das Labyrinth uns etwas zeigen möchte. Vielleicht entdecken wir gerade etwas wirklich Wichtiges."

Geleitet von dieser Intuition gingen sie weiter voran. Die Korridore wurden immer größer und das Licht wurde natürlicher, als käme es von außerhalb des Labyrinths. Schließlich kamen sie vor einer riesigen Steintür an, in die seltsame Symbole eingraviert waren.

Malin und Block blieben vor der Tür stehen und beobachteten es voller Staunen. „Es ist die größte Tür, die wir je im Labyrinth gesehen haben", flüsterte Blocked. „Was könnte dahinterstecken?"

„Ich weiß es nicht", antwortete Malin ebenso fasziniert. „Aber ich denke, wir müssen es öffnen und sehen, was dahinter steckt."

Mit gemeinsamer Anstrengung stießen sie die große Tür auf, die sich langsam und mit einem dumpfen Knarren öffnete. Hinter der Tür entdeckten sie einen Anblick, den sie sich nie hätten vorstellen können: eine weite Ebene, durchflutet von natürlichem Licht, übersät mit grünen Hügeln und glitzernden Bächen. Und dort, in der Mitte dieser Ebene, lag ein riesiger Käsehaufen, viel größer als alles, was sie bisher gesehen hatten.

„Ich kann meinen Augen nicht trauen", hauchte Bloqué, erstaunt über das, was er sah. „Es ist... es ist der größte Käse, den ich je gesehen habe."

Malin war genauso erstaunt. „Es ist erstaunlich. Wir haben etwas ganz Besonderes gefunden, Blocked. Aber ich denke, dieser Ort ist mehr als nur ein Käsevorrat. Es fühlt sich an, als wäre es die ultimative Belohnung für alles, was wir durchquert haben."

Sie näherten sich dem Käse und bewunderten seine verschiedenen Formen und Farben. Am meisten beeindruckte sie jedoch die Atmosphäre des Ortes. Hier gab es keine engen Wände mehr, keine dunklen Korridore mehr. Alles war offen, hell und einladend. Es war, als hätte das Labyrinth endlich sein Herz offenbart, den Ort, an dem jeder Entdecker finden konnte, wonach er suchte, wenn er bereit war, sich seinen Ängsten zu stellen und durchzuhalten.

„Dieser Käse ist mehr als nur Essen", sagte Malin nachdenklich. „Es repräsentiert alles, was wir im Labyrinth gelernt haben: Mut, Ausdauer, die Fähigkeit, sich dem Unbekannten zu stellen. Es ist ein Symbol unserer Reise, unserer Transformation."

Blocked nickte und fühlte sich tief bewegt. „Ich erinnere mich an das erste Mal, als wir merkten, dass der Käse weg war. Ich hatte solche Angst, war so wütend. Ich wollte die Veränderung nicht akzeptieren. Aber jetzt verstehe ich, dass ich ohne diese Veränderung, ohne diesen Verlust, nie herausgefunden hätte, was." Das schaffe ich. Ich hätte diesen Ort nie gefunden.

„Das Labyrinth hat uns wertvolle Lektionen gelehrt", fuhr Malin fort. „Er hat uns gezeigt, dass Veränderung unvermeidlich ist, aber auch eine Chance sein kann. Er lehrte uns, dass wir das Unbekannte nicht fürchten, sondern es annehmen sollten, denn indem wir erforschen, was wir nicht wissen, entdecken wir, wer wir wirklich sind." Sind."

Sie saßen auf einem Hügel, blickten auf die Ebene vor ihnen und genossen diesen Moment des Friedens und der Zufriedenheit. Sie erkannten, dass der wahre Schatz, den sie im Labyrinth gefunden hatten, nicht nur der Käse war, sondern auch die Weisheit, die sie auf dem Weg erlangt hatten.

„Ich frage mich, ob andere Entdecker diesen Ort entdecken werden", sagte Blocked nach einem Moment der Stille.

„Ich denke, im Labyrinth hat jeder seinen eigenen Weg",

antwortete Malin. „Aber sicher ist, dass diejenigen, die beharrlich sind, diejenigen, die bereit sind, sich ihren Ängsten zu stellen und Veränderungen anzunehmen, ihre eigene Version dieses Ortes finden werden. Und vielleicht können wir ihnen helfen, indem wir teilen, was wir gelernt haben."

„Ja", stimmte Blocked zu. „Ich möchte anderen helfen, so wie Sie mir geholfen haben. Ich möchte ihnen zeigen, dass man Veränderungen nicht fürchten, sondern annehmen muss. Denn am Ende des Weges gibt es immer etwas Schönes zu entdecken."

Sie saßen lange Zeit dort und genossen die Ruhe und Schönheit des Ortes. Dann standen sie endlich auf und waren bereit, ihr Abenteuer fortzusetzen. Aber dieses Mal würden sie dies aus einer neuen Perspektive tun, einem tieferen Verständnis dafür, was das Labyrinth wirklich bedeutete.

„Was machen wir jetzt?" fragte Block, zu allem bereit.

Malin lächelte. „Wir erforschen, lernen und wachsen weiter. Das Labyrinth ist riesig und es gibt noch so viel zu entdecken. Aber jetzt tun wir dies mit der Gewissheit, dass wir in der Lage sind, alle Herausforderungen zu meistern, denn wir haben die wichtigste Lektion gelernt." : Der wahre Käse ist die Reise selbst."

Mit diesen Worten machten sie sich auf den Weg und gingen Seite an Seite durch die weite Ebene, ihre Herzen erfüllt von Hoffnung und Zuversicht. Das Labyrinth, einst ein Ort der Angst und Unsicherheit, war für sie zu einem Ort des Lernens und der Entdeckung geworden. Und sie wussten, dass sie immer ihren Weg finden würden, solange sie sich selbst treu blieben, solange sie weiter voranschritten.

In diesem letzten Kapitel gelangen Smart und Blocked zu einer letzten Offenbarung: Sie finden nicht nur eine Fülle von Käse, sondern erkennen auch, dass ihre wahre Belohnung in den Lektionen liegt, die sie auf ihrer Reise gelernt haben. Dieses Kapitel veranschaulicht die Labyrinth-Metapher als eine Darstellung des Lebens selbst, wo Herausforderungen und Veränderungen unvermeidlich sind, wo sie aber auch zu größerem Verständnis und Weisheit führen können. Smart und Blocked verstehen, dass die Reise mit ihren Höhen und Tiefen, ihren Momenten des Zweifels und der Angst sie verändert und stärker gemacht hat. Sie beenden ihr Abenteuer mit einer neuen Perspektive und sind bereit, weiter zu erforschen und zu entdecken, was das Leben für sie bereithält, in dem Wissen, dass jede Runde im Labyrinth eine neue Chance zum Wachsen ist.

Abschließendes Fazit

Nachdem sie die vielen Prüfungen des Labyrinths bestanden haben, werden Smart und Blocked mit einer Weisheit bereichert, die sie sich zu Beginn ihres Abenteuers nie hätten vorstellen können. Diese Reise, die mit Angst und Unsicherheit über das Verschwinden des Käses begann, führte zu einer tiefgreifenden persönlichen Veränderung. Sie lernten, Veränderungen anzunehmen und das Unbekannte nicht als Bedrohung, sondern als Chance zu sehen, zu wachsen und neue Möglichkeiten zu entdecken.

Das Labyrinth mit seinen vielen Umwegen, Fallen und Entdeckungen war ein Spiegel des Lebens selbst. Jeder Korridor stellte eine Entscheidung dar, jede Biegung eine neue Richtung und jede Entdeckung von Käse ein Symbol für die Belohnungen, die man durch Beharrlichkeit finden kann. Malin und Blocked verstanden, dass der wahre Reichtum nicht nur in den Käsesorten lag, die sie fanden, sondern in dem Mut, den sie entwickelten, in der Ausdauer, die sie an den Tag legten, und in der Fähigkeit, sich an veränderte Umstände anzupassen.

Als Malin und Blocked die große, in Licht getauchte Ebene erreichten, stellten sie fest, dass ihre Suche nicht nur materieller, sondern auch spiritueller Natur war. Sie erfuhren, dass der größte Schatz, den das Labyrinth bieten konnte, ein größeres Verständnis für sich selbst und die Welt um sie herum war. Dieser herrliche Ort voller vielfältiger und abwechslungsreicher Käsesorten symbolisiert nicht nur das Ende ihrer Suche, sondern auch den Beginn eines neuen Lebensabschnitts, in dem sie die gewonnenen Erkenntnisse anwenden können, um künftigen Herausforderungen mit Zuversicht zu begegnen. Sie verstanden auch die Bedeutung gegenseitiger Hilfe und Zusammenarbeit. Ihre Begegnung mit anderen Labyrinthforschern bestärkte die Vorstellung, dass wir mit unseren Kämpfen nicht allein sind. Indem sie ihre Erfahrungen teilten und den Geschichten anderer zuhörten, bereicherten sie ihr eigenes Verständnis des Labyrinths und fanden Trost in der Gemeinschaft.

Während sie sich darauf vorbereiten, ihre Erkundung fortzusetzen, wissen Smart und Blocked jetzt, dass das Labyrinth sie weiterhin auf die Probe stellen wird, aber sie sind bereit. Sie sind bereit, sich jeder neuen Herausforderung mit dem gleichen Mut und der gleichen Entschlossenheit zu stellen, die sie bisher gezeigt haben. Sie wissen, dass jede neue Käseentdeckung, jede neue Lektion, die sie gelernt haben, sie ihrem wahren Potenzial näher bringt.

Ihr Abenteuer im Labyrinth ist eine kraftvolle Metapher für das Leben : eine Reihe von Herausforderungen, Entscheidungen und Transformationen. Veränderungen sind unvermeidlich, aber sie können eine positive Kraft für diejenigen sein, die bereit sind, sie anzunehmen und unvoreingenommen zu erforschen. Der Abschluss ihrer Reise ist kein Ende, sondern ein Neuanfang mit klarerer Vision, neuer Kraft und unerschütterlichem Vertrauen in ihre Fähigkeit, die Komplexität des Lebens zu meistern.

So gehen Smart und Blocked gemeinsam dem Horizont entgegen, bereit, sich dem zu stellen, was die Zukunft für sie bereithält, mit der Gewissheit, dass sie, solange sie weiter voranschreiten, immer ihren Weg durch das Labyrinth des Lebens finden werden.

www.ingramcontent.com/pod-product-compliance
Lightning Source LLC
Chambersburg PA
CBHW070106100426
42743CB00012B/2661